AF248042

LE
CATÉCHISME
DE L'OUVRIER

PAR

J.-P. SCHMIT

auteur de la brochure

AUX OUVRIERS : DU PAIN, DU TRAVAIL
ET LA VÉRITÉ

PARIS

TYPOGRAPHIE PANCKOUCKE

Rue des Poitevins, 14

—

1848

CATECHISME

DE L'OUVRIER.

AU NOM DE LA LIBERTÉ, DE L'ÉGALITÉ, DE LA FRATERNITÉ ,

Ouvriers ,

Ce livre a été composé pour vous,

Non avec des théories rêvées au coin du foyer par un homme n'ayant d'autre mission que ce besoin d'écrire quelque chose sur n'importe quoi, qui met la plume à la main, à tant de gens toujours prêts à parler sur tout sans avoir jamais rien étudié;

Non avec cette philantropie creuse qui prend le sentiment ou la rêverie pour la réalité;

Ce livre, c'est vous-mêmes qui l'avez dicté et en partie écrit, car il ne contient rien qui n'ait été conçu, dit ou écrit par vous.

L'auteur n'a d'autre mérite, s'il en a un, que, d'avoir recueilli vos propres pensées pour les mettre en ordre.

C'est pourquoi il a cru devoir l'appeler :

Le Catéchisme de l'Ouvrier.

DE L'ORIGINE, DE L'AVILISSEMENT ET DE LA RÉHABILITATION DU TRAVAIL.

Le travail est devenu, dès le lendemain de la création, le partage, la vocation de l'homme.

Le Paganisme, instrument aveugle des desseins de Dieu, accomplissant sa loi sans la comprendre, divisa l'humanité entière en deux catégories bien inégales :

La catégorie des travailleurs ;

La catégorie des non travailleurs.

1848

La première, comprenant l'immense majorité du genre humain, accomplit sa triste destinée dans l'esclavage, au milieu des chaînes; sous les bâtons et les lanières sanglantes, privée des saintes joies et des douceurs ineffables de la famille, privée de la qualité et même du nom d'homme,

Réduite, ravalée par des lois abominables, jusqu'à la condition de la bête de somme;

Infiniment plus malheureuse qu'elle, parce que l'esclave a de plus qu'elle le sentiment de sa misère future. Malheur à l'esclave qui avait vécu assez long-temps pour permettre à la vieillesse et aux infirmités de faire de lui une chose désormais inutile et seulement coûteuse ; on la jetait en pâture aux poissons, ou on l'envoyait sur un rocher mourir dans les horribles tortures de la faim : c'est ainsi que les Romains récompensaient ses trop longs services.

La catégorie des non travailleurs, c'est-à-dire ceux qui avaient le bonheur de naître et de demeurer libres, riches, puissans; qui seuls portaient orgueilleusement le nom d'*homme*, exerçait sur le reste de l'humanité l'impitoyable office des maîtres de chiourme.

A toute justice il faut des exécuteurs.

Celle de Dieu avait laissé s'établir ceux-ci, se réservant de les juger eux-mêmes à son tour.

Enfin leurs excès, et les larmes, et le sang de leurs victimes, crièrent jusqu'à Dieu,

Et Dieu envoya son fils pour y mettre un terme,

Pour réhabiliter le travail et les travailleurs et relever la raison humaine de l'avilissement où le paganisme l'avait plongée.

Le Verbe de Dieu, qui pouvait s'incarner sur le trône ou dans les délices de la puissance et de la richesse, choisit l'humble condition de fils d'un pauvre artisan.

Il ne crut pas déroger à sa divinité en consacrant durant trente années ses mains bénies aux modestes mais utiles travaux de l'atelier,

Et quand il voulut répandre la *bonne nouvel-le* (1) de la réhabilitation de l'homme et de celle du travail, ce furent douze pauvres travailleurs qu'il chargea de la proclamer par toute la terre.

Quels meilleurs témoins pouvait-il choisir?

Depuis ce moment, le travail est devenu chose sainte et noble.

Quoi de plus noble que ce que Dieu même a voulu anoblir de sa main?

Quel autre genre de noblesse offre de pareils titres? peut se vanter d'une pareille antiquité?

Rougir du travail, c'est rougir de ce que le fils de Dieu a honoré.

Rougir du travailleur, c'est rougir du fils de Dieu qui s'est fait travailleur.

Dédaigner le travail manuel pour glorifier exclusivement le travail intellectuel, c'est blâmer le fils de Dieu qui les a glorifiés également en les pratiquant tous deux.

Hommes de l'atelier, hommes des champs, hommes du cabinet, nous sommes tous nobles au même titre, au titre du travail.

Mais *toute noblesse oblige;* et dégénère par l'oubli des vertus qu'elle impose.

Celle du travail n'est pas plus à l'abri que toute autre de cette loi fatale.

Le travailleur qui fuit devant le travail, mérite d'être dégradé comme le chevalier qui fuyait devant l'ennemi;

Le travailleur qui se laisse envahir par la débauche, mérite d'être dégradé comme le guerrier qui laisse entrer dans la place l'ennemi contre lequel il devait la défendre;

Le travailleur qui opprime son frère parce

(1) *Evangile* signifie *Bonne nouvelle.*

qu'il est faible, mérite d'être dégradé comme le baron félon qui opprimait la veuve et l'orphelin.

LA PRODUCTION ET LA CONSOMMATION.
L'OFFRE ET LA DEMANDE.

Les gens simples comme vous et moi pensent que le but du travail étant la production destinée, non pas à s'entasser inutilement dans un coin,

Mais à satisfaire à des besoins quelconques, naturels ou sociaux, réels ou factices ,

Il ne peut raisonnablement produire que dans la proportion actuelle ou prévue de ces besoins;

Que par conséquent il doit être actif quand la consommation est active, se ralentir quand elle se ralentit, s'arrêter quand elle s'arrête, sauf les calculs de prévision dans lesquels il s'élance quelquefois imprudemment.

Alors il y a excès de production, encombrement et chômage forcé pour le travailleur.

Nous ne concevons guère, vous et moi, n'est-il pas vrai? qu'il en soit autrement.

Il y a des gens qui disent, qui écrivent qu'il *doit* qu'il *peut* toujours y avoir du travail pour l'ouvrier.

Qui font plus, qui lui en promettent, Bravo! qu'ils se mettent vite à l'œuvre, car il y a bien des estomacs vides.

Qu'importera désormais que les magasins de toutes sortes soient pleins à regorger, et que les acheteurs, ne se présentent pas pour les vider!

On n'en travaillera pas moins avec la même activité, pour en emplir de nouveaux; et ainsi de suite; et toujours.

Qui pourvoira à la dépense de cette production incessante qui ne s'écoule pas? Qui paiera les ouvriers occupés à cette fabrication d'objets qui ne trouvent pas d'amateurs? Qui paiera les fournisseurs des matières premières qu'elle doit employer?

On ne l'a pas encore dit. C'est, en effet, un de ces riens qui ne méritent pas qu'on s'y arrête.

Un arbre demande-t-il à l'avance, pour produire son feuillage, ses fleurs, ses fruits, si quelqu'un viendra se reposer sous son ombrage, ou s'asseoir à la table qu'il dresse tous les ans? S'inquiète-t-il pour savoir qui le paiera de ses peines?

Non. Il sait bien que Dieu lui fournira son vêtement d'écorce et sa nourriture de sève, sans qu'il le lui demande, soit que l'homme ou les oiseaux usent, soit qu'ils n'usent pas de son ombrage, de ses fleurs ou de ses fruits.

L'industrie n'a point le bonheur d'être placée dans des conditions si favorables; c'est l'homme qui fait tout pour elle, et si l'homme fait peu, elle dépérit; s'il ne fait rien, elle meurt.

Et avec elle souffrent ou meurent les travailleurs de tous rangs qu'elle emploie.

Elle ne peut donc produire à l'exemple de l'arbre, sans se soucier de ce que deviendront ses produits.

Elle est obligée de se régler sur la consommation parce que la consommation seule l'entretient.

Quoi qu'elle fasse pour la provoquer, elle ne vendra toujours que lorsque les acheteurs voudront acheter, et seulement aux prix qui conviendront aux acheteurs;

Ou elle ne vendra pas du tout, car, la nourriture exceptée, dont personne ne peut se passer, nul ne peut forcer d'acheter celui qui ne peut ou ne veut pas acheter.

Il n'y a donc point de possibilité d'affranchir l'*offre* de la *demande*, d'assurer une production sans rapport avec la consommation, un travail constant aux ouvriers, lors même que la consommation s'arrête.

Leur faire de telles promesses, c'est leur promettre des jours sans nuits; on les inventera peut-être quelque jour; en attendant, il faut bien se résoudre à voir le soleil se coucher chaque soir, et même s'attendre aux éclipses.

DES RICHES ET DES PAUVRES, ET DE LEUR INFLUENCE SUR L'INDUSTRIE.

L'homme riche consomme beaucoup parce que, à ce qui est de nécessité pour tous, il ajoute ce qui est de pur agrément et de confort :

Et à ce qui est de pur agrément et de confort, tout le superflu absolument inutile, qu'on appelle luxe.

L'homme qui n'est qu'aisé fait une large part au nécessaire, y ajoute un peu pour l'agrément et le confort, et se prive du luxe.

L'homme qui ne possède que ce qui peut suffire au strict nécessaire, s'en contente, et néglige l'agrément et le confort.

L'homme pauvre se procure ce qu'il peut du nécessaire. L'homme indigent manque souvent tout à fait de ce nécessaire.

Généralisez.

Une nation chez qui les grandes fortunes sont multipliées alimente les artistes en tous genres et toutes les nombreuses industries occupées à satisfaire les fantaisies incessantes et multipliées de l'homme riche.

Le goût des arts et des frivolités est contagieux ; il descend, dans une certaine proportion, de la classe opulente à la classe aisée, se répand de la nation aux nations avec lesquelles elle se trouve en contact.

Et cette propagation est la source de nouvelles richesses dont profitent :

D'abord les innombrables travailleurs, artistes ou simples ouvriers occupés à cette propagation ;

Puis les marchands, intermédiaires utiles et intelligens entre le producteur et le consommateur.

Or, personne dans la société ne profite sans faire profiter à son tour quelqu'autre.

C'est ainsi que la fortune personnelle concourt à la fortune générale.

Une nation qui, au contraire, ne compte que des fortunes médiocres n'a besoin ni d'artistes, ni d'ouvriers de luxe ; personne ne les emploierait.

Chez elle, plus de grands hôtels ; — Plus d'ameublemens splendides ; — Plus de riche vaisselle ; — Plus de magnifiques écrins ; — Plus de brillans équipages ; — Plus de fêtes éclatantes ; — Plus de dentelles, de cachemires, de broderies, de velours, de brocarts ; — Plus de galeries, de cabinets, de bibliothèques ; Plus ou peu d'arts d'agrémens ; — Plus de ces cent mille bagatelles, si jolies et si coûteuses ;

Tout cela de moins, qu'est-ce, en fin de compte, sinon tout un monde de travailleurs, mis sur le pavé, sans pain et sans ressources ?

N'oublions pas ce nombreux domestique attaché à l'antichambre, à la cuisine, à l'écurie, également livré à la faim, et obligé, pour y échapper, de se rabattre, ainsi que tout ce monde d'ouvriers, sur les autres carrières industrielles déjà si encombrées d'estomacs affamés eux-mêmes.

La nation, dont tous les citoyens sont malaisés, se contente des objets indispensables à la vie, au vêtement, au logement, réduits aux formes les plus simples. C'est la mort de l'industrie de perfectionnement.

La nation, tout à fait pauvre, s'habille de bure, se chausse de sabots, habite des chaumières ou des galetas, se nourrit avec parcimonie des substances les plus communes. Ici, ce ne sont plus seulement les arts et l'industrie manufacturière qui se trouvent supprimés,

L'agriculture tombe avec eux inévitablement, car il faut peu de pain à qui ne le peut payer : il serait inutile d'engraisser des troupeaux, de la volaille pour qui n'en mange pas ; d'élever de beaux chevaux pour qui va à pied.

Une nation qui est pour ainsi dire née pauvre, comme fut Rome autrefois, peut être long-temps heureuse dans sa pauvreté: c'est même souvent le plus beau temps de sa gloire :

De même une nation arrivée à l'état de médiocrité. Là, l'industrie n'a que peu et rarement à souffrir, par la raison toute simple qu'elle n'y existe qu'à l'état d'enfance, qu'elle n'a que des larmes et des soucis d'enfans, et que les chutes que font les enfans, sont toujours peu dangereuses.

A peine sont-ils tombés, qu'ils se relèvent à leur hauteur d'enfans.

Il en est tout autrement chez une nation où l'industrie, nourrie par le luxe, est arrivée à l'âge viril et aux proportions d'un géant.

Un géant ne fait pas une chute qui ne lui soit douloureuse et ne puisse devenir dangereuse : ne peut être rapetissé jusqu'aux dimensions d'un nain, que par des amputations terribles.

Réduire ou couper un des membres de ce colosse qu'on appelle l'industrie, c'est arracher le pain, la vie à des milliers, peut-être à des millions de travailleurs.

Déclarer la guerre aux riches qui alimentent, qui entretiennent l'industrie, c'est donc en réalité déclarer la guerre à l'industrie elle-même,

C'est-à-dire à ceux qui vivent de l'industrie,

Aux travailleurs,

Depuis ceux qui fournissent la matière première, comme l'agriculteur, le mineur, le pêcheur d'huîtres à perles ou de corail, le houilleur, le matelot ;

Jusqu'à celui qui met, après d'innombrables intermédiaires, la dernière main aux objets fabriqués livrés à la consommation directement, ou par cet autre intermédiaire qu'on appelle le commerce.

Voyez, si vous voulez vous faire une idée des conséquences pour l'industrie, de la guerre aux riches, ce qui se passe depuis que des démonstrations imprudentes ont effrayé les riches.

Ne trouvez-vous pas que l'industrie jette un beau coton à l'heure qu'il est?

Demandez à vos camarades, à vos frères, ce qu'ils y ont gagné, si vous, qui me lisez, ne le savez pas par vous-mêmes.

Si nous démolissons, disent certains, la *fortune personnelle*, qui tient le pauvre dans sa main, et l'exploite,

Nous constituerons la *fortune publique*, qui est la vraie prospérité d'un pays.

C'est elle seule qui le met, en effet, en état de construire et d'entretenir les ponts, les routes, les canaux, les monumens ;

D'avoir une belle flotte, une armée respectable, des arsenaux bien garnis ;

D'assurer les importans services des cultes, de l'instruction publique, de la justice ;

D'encourager les lettres, les sciences et les arts.

Mais tous ces services, quoique occupant un nombre déjà passablement considérable de travailleurs, laissent pourtant un nombre de bras cent fois plus considérable encore dans la dépendance des besoins du consommateur ordinaire. Donc, quand ce consommateur cessera de consommer, parce qu'on l'aura ruiné,

La *fortune publique*, l'Etat, en d'autres termes, se chargera-t-il d'habiller gratis les citoyens ?

De procurer des châles, des rubans, des parures à leurs femmes?

De leur fournir des voitures et des chevaux de course, ou au moins des fiacres et des omnibus ?

De garnir leurs buffets d'argenterie et de porcelaines, leurs parquets de tapis, leurs appartemens de mobilier ?

De leur construire des maisons nouvelles ou d'entretenir celles qu'ils possèdent ?

De faire décorer les salons ou les magasins ?

De les défrayer de ces repas et de ces fêtes dont les fournitures et les préparatifs répandent de l'argent parmi un si grand nombre de travailleurs ?

Il ne faut pas beaucoup d'efforts d'esprit pour reconnaître le ridicule de semblables demandes.

Ce qui n'est pas ridicule, c'est la démonstration que l'État ne pouvant être appelé à se charger de tout cela, et d'une infinité d'autres choses qui font vivre une infinité de travailleurs,

La *fortune publique*, si florissante qu'on la suppose, ne peut jamais venir en aide à la masse laborieuse, que pour une infiniment petite partie de ses besoins.

On ne fera pas d'ailleurs des chemins et des canaux éternellement, et la foule des travailleurs se renouvelle et s'accroît sans cesse.

Sacrifier la fortune privée à la fortune publique, attendre de celle-ci pour le travailleur ce que celle-là peut seule lui donner, c'est imiter le chien qui laisse tomber le morceau qu'il tient pour courir après l'ombre.

Enfin, la *fortune publique* est toujours au niveau de la richesse et de la pauvreté du pays.

Le pays riche paye beaucoup, lorsque personne n'est exempt de payer;

Mais que peut demander l'État à la misère ?

DES RICHES ET DES PAUVRES.

Chapitre fait par deux ouvriers.

On a cru avoir trouvé un moyen de parer à tous ces inconvéniens : de faire que chacun soit riche, du moins qu'il n'y ait plus de pauvres dans la société. C'est très beau, mais peu nouveau. Il n'y a pas lieu à brevet d'invention.

Le moyen a été essayé dans plusieurs républiques anciennes, à Rome surtout.

Les essais ont toujours été sanglans, et ils n'ont encore réussi que dans un roman.

C'est à vous de voir si l'autorité d'un tel succès vous paraît déterminante.

J'avais écrit un chapitre sur ce sujet, lorsque le hasard m'a rendu auditeur du dialogue suivant, entre deux ouvriers, assis sur un banc au jardin du Luxembourg.

1er *ouvrier*. — C'est le grand Lyonnais, tu sais bien, qui nous dit toujours et à propos de tout : « Il faut que l'ouvrier soit *communiste*. C'est alors qu'il nagera dans l'abondance, et qu'il n'y aura plus de morte-saison. Quand tous les ouvriers seront riches ils se *ficheront* des riches. Ils se feront travailler eux-mêmes si ces égoïstes ne veulent plus leur donner d'ouvrage, sous prétexte qu'ils sont ruinés; et un tas d'autres bêtises avec lesquelles ils endorment le pauvre peuple. Vive le communisme !

2e *ouvrier*. — Je crains bien que ça n'en soit aussi des bêtises. D'abord je me défie de tout ce que dit un grand paresseux, un mangeur ou plutôt un buveur de tout, qui se plaint toujours que le travail lui manque tandis que c'est lui qui manque au travail. On le voit plus souvent au cabaret qu'à l'atelier. Ça se dit.

1er *ouvrier*. — Oui, ils sont là un tas de bons enfans qui travaillent peu, mais qui disent de fameuses choses qu'ils nous rapportent et qui font dresser les cheveux de plaisir. Je serais si heureux d'être riche aussi pour ma pauvre femme et mes pauvres petits ; car, pour moi, tu sais si je suis là au port d'armes et si l'ouvrage me fait peur.

2e *ouvrier*. — Comprends-tu bien ce que c'est que le communisme ?

1er *ouvrier*. — Pardi ! c'est de mettre tout en commun. C'est que le riche partage avec le pauvre.

2ᵉ ouvrier. — Même de force?

1ᵉʳ ouvrier. — De force! de force! alors ce serait un vol. Mais les riches qui seront communistes y consentiront; ou, s'ils s'y refusaient...

2ᵉ ouvrier. — On les prierait à coups de fusil?

1ᵉʳ ouvrier. — Allons donc, l'ouvrier est honnête. Il veut travailler, il veut du pain pour sa famille, mais il ne se fait pas brigand.

2ᵉ ouvrier. — Oui, nous autres; mais les paresseux, mais les riboteurs; mais ceux qui, quand le travail donne, n'ont pas de honte de laisser leur famille sans pain, tandis qu'il vont faire la noce deux ou trois jours de suite. Au fond, vois-tu? ce sont toujours ceux-là qui viennent nous chanter les mêmes chansons; qui font les grèves, qui disent que les riches sont des gueux, parce qu'ils ont de trop, et l'ouvrier pas assez, et qu'on devrait les forcer de partager.

1ᵉʳ ouvrier. — Ça c'est vrai : mais en les mettant à part, quel mal y aurait-il que les riches nous donnassent un peu de ce qu'ils ont de trop? Cela serait-il si bête, que M. de Rothschild, qu'on dit si riche, vînt nous dire : « Mes amis, j'ai cent millions : tenez, en voilà la moitié. » Il lui en resterait encore cinquante ; on peut bien vivre avec ça, pas vrai? Et nous qui en aurions chacun vingt-cinq, est-ce que ça ne vaudrait pas mieux que de pousser la lime ou de battre l'enclume tous les jours de la vie? Nous aurions, nous aussi, des hôtels, des carrosses.

2ᵉ ouvrier. — Un instant, ce n'est pas tout à fait ça. Tout étant rendu commun entre tous, tous doivent venir au partage; par conséquent, puisque nous sommes 33 millions de Français, il faudrait donc partager entre ces 33 millions et non pas seulement entre nous deux, ce qui change un peu la chose.

1ᵉʳ ouvrier. — C'est, ma foi, vrai, mais c'est

égal, 50 millions, c'est toujours une fameuse somme, et il nous en resterait encore assez à chacun. Qu'est-ce que tu égratignes donc là sur le sable, comme quand nous étions à la mutuelle, au lieu de m'écouter?

2ᵉ ouvrier. — Je calcule ce qui nous reviendrait à chacun des 100 millions.

1ᵉʳ ouvrier. — Voyons, combien?

2ᵉ ouvrier. — Trois francs et trois centimes.

1ᵉʳ ouvrier, suffoqué par ce résultat inattendu. — Trois... trois cent mille francs?

2ᵉ ouvrier. — Je dis trois francs et trois centimes.

1ᵉʳ ouvrier. — C'est injuste ; c'est un vol ; tandis que lui garderait cinquante millions?

2ᵉ ouvrier. — Pas du tout, il ne conserverait, comme nous, que ses trois francs et trois centimes.

1ᵉʳ ouvrier. — Ah! nous voilà frais avec cela! Je gagne davantage dans ma journée. Mais ce n'est pas le seul riche. Et en supposant qu'il y en ait cent mille autres, nous aurions chacun 300,000 fr. Cette fois je ne me trompe pas.

2ᵉ ouvrier. — Non, s'il y a en France 100,000 individus qui possèdent 100 millions, ou un nombre suffisant d'autres pour en représenter la monnaie. Mais 100,000 fois 100 millions font un million de milliards (1), et je ne crois pas que toute la terre offre une pareille richesse. Quant à la France, je me suis laissé dire que toute sa fortune territoriale et mobilière,... tu comprends ce que cela veut dire?

1ᵉʳ ouvrier. — Tiens !

2ᵉ ouvrier. — Ne dépasse pas un capital de 45 à 50 milliards, plus ou moins.

1ᵉʳ ouvrier. — Je suis pour le plus! Eh bien ! voilà qui me raccommode avec le communisme.

(1) Non pas un million de milliards, mais dix mille milliards.

Puisque nous sommes 33 millions pour partager 50 milliards, nous aurons chacun un petit milliard et demi. Nous serons chacun plus riche que M. Rothschild.

2e ouvrier. — Vois-tu, Bertrand, ton imagination va toujours trop vite dans ces questions : c'est tout le contraire de ce qu'elle faisait à la mutuelle; d'abord, 50 milliards répartis entre 33 millions, feraient pour chacun 1,500 fr. à peu près, au lieu d'un milliard et demi.

1er ouvrier.—Tu n'es qu'un faux frère : tu me voles ; mais c'est égal encore. Tu as dit 1,500 fr. pour chacun ? — Eh bien ! 1,500 fr. pour moi, 1,500 fr. pour ma femme, 1,500 fr. pour chacun de mes deux cadets, ça ferait 6,000 fr., et 3,000 fr. que j'ai à la caisse d'épargne, en tout 9,000 fr. qui à 5 0/0, je ne veux pas de 3, moi, nous donneraient 450 fr. de rentes. Avec cela, nous nous retirons, ma femme, moi et les mioches, dans ma petite chaumière de Normandie, et nous vivons là heureux comme des rois ou comme des membres du Gouvernement provisoire de la République, puisqu'il n'y a plus de rois. Vive le communisme ! c'est décidé : quand me donnera-t-on mes 9,000 fr.

2e ouvrier.—Trente-trois millions de partages à régler demandent du temps. En attendant, nous aurons celui de causer.

1er ouvrier.— Ne va pas me rien retrancher de mes 9,000 fr., j'y compte, vois-tu ?

2e ouvrier.—Tu sais qu'on dit que qui compte sans son hôte compte deux fois.

1er ouvrier. — Oui. Aussi, je ne veux pas compter deux fois, moi.

2e ouvrier. — Les 50 milliards se composent de 2 milliards environ de numéraire.

1er ouvrier. — Eh bien ! qu'on nous les distribue tout de suite. Cela ne peut pas être bien long.

2ᵉ ouvrier. — Sans doute, mais il faut d'abord prélever ce qui est immédiatement nécessaire pour le matériel de l'armée et de la marine ; je ne parle pas de traitement, de solde, de salaires ; il n'y en aura plus à payer, puisque tout le monde, ayant partagé les biens, devra payer désormais de sa personne ; mais il faudra acheter des matières, soit en France, soit à l'étranger, il faudra entretenir des usines ; après les dépenses de la guerre et de la marine, viennent celles des ponts-et-chaussées, l'entretien des ports, la construction et l'entretien des monumens et des autres édifices nationaux. Ce ne serait pas trop, je crois, surtout au moment où peut-être une guerre générale couve, de moitié pour tout ce que ces services peuvent exiger en 1848. Reste donc un milliard seulement disponible, ou 30 fr. par individu. Mais encore, j'y pense, nous devons beaucoup de rentes aux étrangers, qui ont eu confiance dans notre probité nationale. Tu consentiras bien à les payer. La République ne doit pas commencer ses relations avec eux par la banqueroute.

1ᵉʳ ouvrier. — Tu as oublié les intérêts et les remboursemens de la caisse d'épargne. Ça, c'est sacré, il faut y pourvoir.

2ᵉ ouvrier. — Tu n'y penses pas. Dès qu'on aura tout partagé, la caisse d'épargne sera entrée comme tout le reste dans le partage.

1ᵉʳ ouvrier. — Et mes 3,000 fr. donc?

2ᵉ ouvrier. — Tes 3,000 fr. seront confondus dans les 6,000 fr. qui te reviendront pour ta part.

Le *1ᵉʳ* ouvrier laisse échapper un *hum !* à demi étouffé qui révèle peu de satisfaction.

2ᵉ ouvrier. — Et ta chaumière de Normandie aussi.

1ᵉʳ ouvrier. — Ma chaumière ! la chaumière de mon père ? Non, pour le coup, je ne veux plus de cela.

2e ouvrier. — Tu veux bien qu'on se partage les châteaux. Est-ce que tu es un communiste qui raye d'abord l'égalité?

Continuons. Des 48 milliards restant après la déduction du numéraire, il faut déduire encore la valeur des terrains et bâtimens affectés aux services publics tels que les palais, les administrations, les tribunaux, les églises, les temples, les prisons, les hôpitaux, les chantiers de construction, les routes, ponts et canaux, les mines, les salines, les casernes, les remparts et leurs chemins de ronde, les champs de manœuvres, les halles et marchés. Tout cela vaut bien 10 ou 12 milliards.

1er ouvrier. — Que le D... où donc as-tu appris tout ça que tu nous débites comme un ancien de la chambre?

2e ouvrier. — Où tu aurais pu l'apprendre toi-même, si tu avais lu dans les journaux autre chose que la correctionnelle et les feuilletons.

1er ouvrier. — C'est que le reste est diablement embêtant.

2e ouvrier. — Tu vois que cela peut servir dans l'occasion. Reste donc 35 ou 36 milliards.

1er ouvrier. — Ah! nous allons enfin les avoir!

2e ouvrier. — Oui et non. Ces évaluations sont celles des temps ordinaires, où le prix de la propriété est entretenu par les achats, les ventes, les échanges de toutes sortes dont les richards font une grande partie. Dès que tout le monde aura reçu sa part égale, qui ne pourra être grossie, pour maintenir l'égalité, il n'y aura plus ni ventes, ni achats, ni, par conséquent, de valeur.. Chacun cultivera la portion de champ, ou pêchera la portion d'étang, ou exploitera la portion de friche, ou habitera la portion de maison qui lui sera échue en nature. Tel, quand il s'agira d'un grand château, pourra bien n'avoir en partage que quelques mètres d'une muraille ou d'un fossé ; tel autre quelques ares de grève ou de sable, ou de marais fangeux, dont il fera ce qu'il pourra. Toi, pour ton lot de 6,000 fr., taux actuel, tu deviendras peut-être propriétaire d'une fabrique d'allumettes chimiques ou d'une carrière de silex, qui aurait été fort avantageuse avant l'invention des fusils à capsules.

1er *ouvrier* — Je ne sais pas faire les allumettes chimiques, et je me ..... de ta carrière de cailloux, qui ne servira plus. Si le communisme n'est que ça à la fin des fins, je veux rester ouvrier.

2e *ouvrier.* — C'est aisé à dire ; mais qui est-ce qui te fournira du travail? On ne fera pas beaucoup travailler, vois-tu, chez une nation composée uniquement de propriétaires, comme tu vas le devenir, et moi aussi, si tes rêves de communisme deviennent des réalités.

1er *ouvrier.*—La vérité de tout cela, c'est que je serai plus pauvre après avoir partagé les 50 milliards, que je ne le suis aujourd'hui.

2e *ouvrier.* — C'est probablement ce qui arrivera à tous ceux qui possèdent quelque chose.

1er *ouvrier.* — Alors tu avais raison, c'est des bêtises, une flouerie... Qui est-ce donc qui y gagnera?

2e *ouvrier.* — Pardieu, ceux qui n'ont rien et qui ne veulent pas travailler pour avoir quelque chose. Mais tu ne seras pas dispensé pour cela de l'impôt pour les dépenses de l'État.

1er *ouvrier.*—Tiens, ne m'en parle plus. Pourquoi une armée? Quelle nation étrangère sera assez bête pour attaquer une multitude de gueux qui ne pourraient pas même payer les frais de la guerre s'ils étaient vaincus? Est-ce qu'ils auront besoin de vaisseaux, à moins que ce ne soit pour couvrir la mer d'une multitude de corsaires affamés?... Et les routes : les gens qui n'ont pas chez eux de quoi manger, est-ce qu'ils ont de quoi voyager? Qu'est-ce que cela leur fait qu'il y ait des routes? Chacun restera dans son trou, dans sa tanière; et nous redeviendrons de vrais sauvages, comme on dit que nous étions autrefois, bien avant la première révolution. Qu'il revienne, le grand Lyonnais avec son communisme. Il serait bien aise de mettre sa main dans mon plat, de partager dans mes 3,000 fr. de la caisse d'épargne, et ma masure de Normandie; et qu'est-ce qu'il apporterait à la masse, lui, le grand paresseux, le grand riboteur? Quelque sottise ou quelque coup de poing, car c'est là tout ce qu'il possède. Merci! qu'ils s'avisent, lui et sa bande, de s'y frotter, et nous verrons. Cependant on dit qu'il n'y a pas que des blouses et des bourgerons qui se font communistes…

Un troisième interlocuteur, qui survint, rompit l'entretien, et je m'empressai de rentrer chez moi pour jeter sur le papier, tandis que j'avais la mémoire encore fraîche, les points les plus saillans de la conversation que je venais d'entendre.

Tout incomplète qu'elle soit, bien qu'elle ait laissé un grand nombre de points en arrière, elle m'a paru plus propre à faire un chapitre important du Catéchisme de l'ouvrier, que celui que j'avais écrit et que j'ai mis tout simplement au feu.

DE LA LIBERTÉ DU TRAVAIL.

I. *De la concurrence.*

Proclamer la liberté du travail et faire en même temps des vœux pour l'abolition de la concurrence, c'est dire à un homme: marche, danse, cours à volonté, mais je vais d'abord te couper les jambes.

Toutes les fois qu'un homme peut marcher, danser et courir, il est exposé au risque de faire des faux pas, de se donner des entorses ou de marcher sur les talons de celui qui le précède.

On ne s'avise pas pour cela de le priver de ses pieds, surtout quand on l'excite à en faire usage.

Sans la concurrence, l'industrie ne marcherait pas, mais la concurrence la mène quelquefois dans le fossé.

La concurrence peut ruiner l'une des deux parties. C'est un grand mal, car jamais personne ne devrait être ruiné; tout le monde devrait avoir sa place au soleil et sa part dans la somme de bien que Dieu accorde à l'humanité.

Mais elle entretient l'activité, excite l'émulation, engendre le progrès : cela est certainement un bien.

La concurrence tend à abaisser jusqu'à l'excès le juste salaire de l'ouvrier; c'est un autre mal, très grand encore; il n'est pas, heureusement, sans remède: il ne s'agit que de le trouver.

Mais elle tend aussi à abaisser les prix des productions de l'industrie jusqu'au niveau des plus modestes ressources. On ne peut nier que ce soit un bien pour l'ouvrier lui-même, qui se procure, à mesure que cet effet de la concurrence se fait sentir, une foule de choses utiles dont il était privé.

La concurrence est une loi naturelle. Deux jeunes chevaux laissés en liberté dans un pré joutent de vitesse ; c'est de la concurrence;

Deux hommes amoureux de la même femme s'efforcent réciproquement de l'emporter l'un sur l'autre, c'est de la concurrence;

Pour la transmission des nouvelles, le cavalier fait concurrence au piéton;

L'organisation des postes est venue faire concurrence au cavalier; nous avons vu le télégraphe aérien, à son tour, faire concurrence à la poste; et enfin le télégraphe électrique au télégraphe aérien.

Pour le transport des hommes et des marchandises, la voiture à roues a fait concurrence à la litière, au colporteur et même au mulet;

La diligence en poste et le roulage accéléré ont fait concurrence à la voiture à petites journées; le navire à voiles au bateau à rames;

La navigation et la traction à la vapeur font aujourd'hui concurrence à la navigation à voiles, aux diligences, à la poste et au roulage accéléré.

Auteurs, orateurs, hommes publics, se font concurrence dans la popularité.

La charité, la philanthropie ont leurs saintes concurrences, concurrences non avouées, non senties, mais qui n'en sont pas moins réelles, puisqu'elles rivalisent à qui fera le plus de bien.

Si donc la concurrence existe invinciblement partout, comment pourrait-elle être refusée à l'industrie?

Et, si l'on réussissait à l'étouffer dans un pays, tuant du même coup l'émulation, et consacrant, par conséquent, la routine aveugle, réussirait-on à la paralyser également dans les autres pays?

Si non, comment empêcherait-on la concurrence que les autres pays feraient à celui-ci?

Ces autres pays, où l'industrie avancerait toujours, ne deviendraient-ils pas nécessairement les fournisseurs de tout l'Univers, à l'exclusion du pays demeuré stupidement stationnaire?

Maintenant, l'industrie de ce pays trouverait-elle entre ses frontières de quoi entretenir de travail tous ses ouvriers?

Evidemment non, quand il s'agit d'un pays comme la France, où l'industrie est si développée, où le nombre des ouvriers est si considérable.

Que deviendraient alors ces ouvriers, rendus par la routine incapables même d'aller exercer leur industrie retardataire dans d'autres pays?

Il est donc impossible d'anéantir la concurrence.

Il ne faut donc pas la décrier.

Personne ne songe à nier, d'ailleurs, qu'à côté de la concurrence honnête, licite, désirable, qui profite à tous,

Est la concurrence illicite, déloyale, oppressive qui ne produit que le bien de quelques-uns et la misère ou la ruine des autres.

C'est cette dernière qu'il convient de rendre impraticable; grand et difficile problème !

Toute concurrence est licite, honnête et désirable, lorsqu'elle s'exerce par la supériorité du génie qui découvre une route, une amélioration nouvelle ; le génie est le roi du monde ;

Ou par des moyens qui sont à la disposition de tout le monde, la prudence, l'activité, l'intelligence. Tant pis pour celui qui ne possède rien de tout cela. Le boiteux ne peut avoir la prétention d'empêcher de marcher celui qui a ses deux jambes, sous prétexte qu'il ne saurait le suivre ;

Celle qui ne s'exerce que par la compression du riche sur le pauvre, qu'il est toujours sûr de finir par écraser,

Que par l'audace du joueur hasardeux qui ose proclamer cette maxime immorale digne des tripots que la loi a enfin fermés : qu'il est permis de s'exposer à se ruiner soi-même pour ruiner autrui;

Que par la fraude qui trompe encore le consommateur sur la valeur des produits qu'on lui vend, malgré le bon marché apparent qu'elle lui offre, ou qui plus, peut-être, attaque sa santé ou sa vie :

Celle-là est coupable. odieuse, et peut devenir exécrable.

Car il y a lâcheté, perfidie, oppression à lutter à armes inégales contre qui que ce soit. lorsque l'assaillant met tout l'avantage de son côté.

Car il n'est permis à qui que ce soit de comploter la ruine d'autrui.

Car la fraude, comment et envers qui qu'elle s'exerce, est un vol public.

Il ne suffit même pas, pour s'en disculper, de pouvoir dire : l'acheteur en a pour son argent.

L'acheteur doit avoir pour son argent ce qu'on lui promet, de même qu'il doit payer en bonne monnaie, et non en monnaie fausse.

Le délit de vol est égal dans les deux cas.

Le fraudeur ne saurait davantage s'excuser sur ce que l'acheteur n'a pu croire avoir réellement pour tel prix ce qu'on lui annonçait.

La bonne foi du vendeur et l'inexpérience de l'acheteur sont toujours présumées.

C'est sur ce principe d'honnêteté et de loyauté qu'étaient fondés au XIIIe siècle ces beaux règlemens de l'industrie parisienne, dressés par elle-même et recueillis par le célèbre prévôt des marchands Estienne Boileau, pour leur donner le caractère authentique.

Le XIXe siècle voudra-t-il demeurer en arrière du XIIIe?

Ces hommes cupides ne comprennent-ils pas tout le tort qu'ils causent à notre industrie nationale, qu'ils mettent en décri sur les marchés étrangers aussi bien que chez nous :

Qu'ils restreignent ainsi l'exportation, et par conséquent le travail?

Eh bien ! que les ouvriers du moins le comprennent et refusent de s'associer à ces coupables spéculations par leur concours.

Il est enfin une dernière sorte de concurrence immorale, qui se fait par l'abaissement progressif des salaires, porté jusqu'au point où ils deviennent dérisoires.

Le chef d'industrie qui a des entrailles, répugne à soutenir ce genre de lutte, qui ne se fait qu'au détriment de l'ouvrier, que l'excès du travail et la misère épuisent et tuent avant le temps.

Mais, pour ne pas succomber, ce chef honnête est obligé ordinairement de ralentir son travail, tandis que son concurrent, assuré d'un écoulement facile à cause de la vilité de ses prix de vente, a ses ateliers constamment remplis.

L'ouvrier, en effet, privé de protection suffisante, doit préférer, dans cet état, un travail non interrompu, qui lui donne au moins la moitié ou le tiers du pain que réclame son estomac vide, à un travail un peu mieux rétribué, mais dont les fréquentes intermittences le priveraient souvent de cette faible portion de nourriture.

Cependant, cette préférence devient bientôt la cause de nouvelles baisses dans les salaires, jusqu'à ce que le malheureux ouvrier, de plus en plus enlacé par la faim, finisse par ne plus gagner de quoi l'apaiser ;

Jusqu'à ce que, poussé par le besoin qui déchire ses entrailles, il se révolte contre le joug qui l'écrase ;

Et que, mal conseillé par la faim et la colère, il tombe de la dure étreinte du maître impitoyable dans celle de la police correctionnelle ;

Cercle fatal dans lequel il tourne continuellement comme l'écureuil dans sa cage, faute de comprendre le moyen d'en sortir avec régularité et avec succès.

II. *Des Coalitions.*

Le plus mauvais de tous les moyens pour l'ouvrier d'exposer et de faire valoir ses droits, c'est la coalition,

Parce qu'elle n'est le plus souvent que l'œuvre d'une minorité turbulente qui s'impose à la majorité paisible, et ne craint même pas de recourir à la violence pour faire sortir celle-ci de ses ateliers, sans se soucier qu'elle attend chaque soir après le pain de sa journée qui va lui manquer,

Le tout pour se retrouver quelquefois, après l'échauffourée, tout juste au point du départ,

C'est-à-dire avec les mêmes salaires, mais avec un certain nombre de journées de moins.

Ou si la coalition réussit, à cause du besoin du moment, à obtenir des concessions exagérées qui élèvent le produit au-dessus du prix voulu par la consommation, la réaction ne tarde point à se faire sentir.

Alors, ou il faut renoncer aux concessions, ou il faut s'attendre à voir diminuer le nombre de travailleurs, peut-être à voir fermer l'atelier.

Que l'ouvrier fasse le calcul de ce qu'il aura gagné à ces fluctuations ; il est très probable qu'à la fin de l'année il trouvera zéro à son bilan, s'il ne se solde pas en déficit.

Le tort des coalitions, c'est de provoquer les contre-coalitions ;

Ainsi nous avons vu des coalitions de maîtres répondre à des coalitions d'ouvriers, et de tristes effets résulter pour les uns et les autres de ce conflit.

On ne se nourrit pas, non plus que sa femme et ses enfans, avec un simple tarif, mais avec le produit réel d'un travail fait.

Le maître qui hésite, aux époques où le travail est abondant et fructueux, à faire participer ses ouvriers à ce qu'il offre accidentellement de plus avantageux, est injuste.

L'ouvrier qui, dans des momens de détresse où le travail est rare et d'un placement difficile, réclame des améliorations, n'est pas moins injuste.

Il est, de plus, absurde, puisqu'il demande l'impossible.

Il est nécessaire, il est indispensable même que l'ouvrier ait enfin des moyens réguliers de faire valoir ses intérêts.

Trop long-temps, en effet, dans certaines industries, il est demeuré abandonné à l'isolement, à l'individualité, ce qui ne lui permettait pas de faire entendre sa voix, et permettait, au contraire, à des hommes avides de l'exploiter indignement.

Le moment est venu de le faire jouir, dans quelque situation qu'il se trouve, du bénéfice et de la force tutélaire de l'association.

Il en sera question plus loin.

Mais, association ou non, que tous les travailleurs se rappellent qu'ils sont frères à la fois comme hommes, comme chrétiens (il en est peu parmi nous qui ne le soient), comme travailleurs; qu'ils sont libres, qu'ils sont égaux.

Qu'à ce triple titre, ils se doivent aide et protection;

Qu'à ce triple titre aucun n'a le droit, ni d'après la nature, ni d'après la morale, ni d'après la loi, d'en opprimer un autre.

Or, l'empêcher ou le forcer de travailler, pour quelque cause que ce soit, C'EST DE L'OPPRESSION,

S'immiscer d'office dans les conditions de son travail pour lui en faire accepter ou lui en imposer d'autres, C'EST DE L'OPPRESSION;

S'opposer à ce qu'il exerce son industrie là où il lui plaît, C'EST DE L'OPPRESSION,

A moins qu'il ne soit lié par des engagemens positifs, librement consentis par lui, qui l'obligent dans une de ces choses.

Lors même que l'acte aurait pour motif une bonne intention, il n'en serait pas moins oppressif.

Aucune loi divine ou humaine ne donne à un homme le droit de faire à un autre du bien malgré lui, ou d'une manière qui n'est pas la sienne (si ce n'est pour le préserver d'un danger matériel ou l'arracher au suicide).

Ce qui paraît à celui-ci être un bien, peut être réellement un mal pour celui-là.

Nul donc n'est appelé, sauf les pouvoirs constitués, et dans les cas explicitement prévus par la loi, à s'établir juge de l'intérêt d'autrui.

III. *Les machines et la mode.*

Lorsque la liberté a détruit toutes les entraves qui empêchaient autrefois l'industrie de prendre tout son essor, de quel droit les rétablirait-on après deux révolutions faites au nom de la liberté ?

Ne sera-t-ce pas rétablir ces entraves, violer cette liberté, que dire à l'industrie : tu ne sortiras point de la voie ou de l'ornière dans laquelle tu es engagée ; tu n'abandonneras pas tes vieilles méthodes.

Tant pis si, épuisées par tant de siècles, elles ne suffisent plus aux besoins nouveaux ; tant pis si elles te tiennent chez nous dans un état d'infériorité réelle comparativement à l'industrie de nos voisins.

Cela n'est plus possible.

Comment oserait-on dire que le travail est libre s'il ne l'était pas de choisir ses moyens ?

Or, les machines sont bien certainement au nombre des moyens.

L'invention des machines est aussi ancienne que la civilisation.

Le fléau qui sert à battre le blé est une machine.

Le levier qui permet à un seul hommes de remuer et déplacer des fardeaux énormes, la roue, la poulie, le cric qui ne sont que des applications du levier, le moulin dont l'eau ou le vent fait tourner la roue, la meule du potier ou du rémouleur, le balancier, le mouton, la presse, la charrue, la herse, etc., etc., et mille autres etc., sont des machines.

Ce sont toutes ces inventions successives qui ont amené ou développé les progrès de l'industrie, même lorsqu'elle n'était pas libre.

Les branches où ces machines, vieillies aujourd'hui, ont porté aussi, à leur apparition, quelque perturbation parmi les ouvriers, n'ont pas cessé pourtant d'occuper un nombre de bras toujours croissant.

Et à côté se sont formées les industries spéciales pour la construction de ces machines elles-mêmes. Ainsi, un nouveau travail a été créé.

Si les machines pouvaient parler, elles diraient sans doute qu'on leur reproche une infinité de choses qui ne sont point de leur fait;

Que c'est bien moins elles que l'obstination de la routine qui ont fait tomber le travail de la main de beaucoup d'ouvriers, et elles citeraient l'exemple encore récent des dentellières de la Flandre belge ;

Que c'est à l'extrême mobilité des modes, bien plus qu'à elles, qu'il faut attribuer les chômages alternatifs d'un grand nombre d'industries spéciales;

Que le défaut de patriotisme de certains fabricans, imités par de trop nombreux ouvriers, la vérité veut qu'on l'avoue, qui n'ont pas craint de porter nos procédés à l'étranger, est encore une des causes majeures de la détresse de ceux qui sont demeurés fidèles au sol de la patrie.

Une des industries qui souffrent le plus est l'industrie de la soie.

Avant 1789, elle était en possession de fournir les riches tentures et de couvrir les ameublemens somptueux des palais et des grands hôtels; elle fournissait même au costume des hommes.

Depuis, non seulement beaucoup d'autres industries, telles que celles des papiers peints, du velours d'Utrecht, des tissus de verre, sont venues lui faire concurrence pour ces objets ; et, d'autre part, les hommes ont entièrement renoncé aux étoffes de soie pour leur habillement;

Mais l'industrie *séricienne*, qui alors était spéciale à la France, s'est répandue en Suisse, en Allemagne, en Angleterre.

Cette révolution du goût et cette exportation,

ont eu pour les travailleurs les plus tristes effets.

Est-ce la faute des machines?

Au contraire, si cette industrie abattue s'est relevée un jour avec un nouvel éclat, n'est-ce pas précisément aux machines, aux admirables inventions de Jacquart, d'abord repoussés avec colère et fureur par la routine, puis enfin accueillies par la raison, que le service est dû?

Quant aux chômages déterminés par les variations de la mode, ils sont comme les sinistres occasionés à l'agriculture par celles de l'atmosphère.

Qui pourra parvenir à les conjurer, pourra entreprendre de fixer la mode.

Revenons aux machines.

Ce sont, dit-on, des travailleurs qui ne mangent ni ne dorment, et fonctionnent plus rapidement que les bras de l'ouvrier le plus habile, ce qui leur permet de produire facilement, dans un temps donné, autant que dix, vingt ou trente travailleurs ordinaires.

D'où il résulte, d'une part, que ces dix, vingt, trente ouvriers demeurent forcément inactifs en présence de ce travailleur infatigable;

Que le bas prix auquel il peut fournir les produits tend à avilir outre mesure le prix du travail de l'ouvrier qui continue d'être occupé.

Voilà ce qui paraît évident à qui ne réfléchit pas.

Mais ce calcul est très-exagéré.

D'abord la plupart des mécaniques coûtent fort cher à établir, exigent, comme celles que fait mouvoir la vapeur, une dépense considérable de combustible, et s'usent ou se détériorent avec une promptitude proportionnée à la nature destructive du moteur, à l'excès du travail qu'elles font, de sorte qu'elles ont besoin ou de fréquentes réparations, ou de remplacemens assez rapprochés.

D'ailleurs ces puissans instrumens ne se font, ni ne se dirigent d'eux-mêmes.

7,000 ouvriers sont employés, à Paris seulement, à les construire; qu'on juge de ce que les constructions qui se font dans tout le reste de la France occupent de bras.

Mais, là, ne commence ni ne s'arrête le mouvement industriel qu'elles impriment.

C'est, pour leur fabrication, en dehors des ouvriers qui les fabriquent, ceux qui extraient ou qui convoient le fer et le cuivre, et les autres matières nécessaires; ceux qui sont occupés aux forges ou hauts-fourneaux où elles reçoivent les premières façons;

C'est, après que l'instrument est monté, les ouvriers qui extraient ou convoient la houille pour le chauffage; les ouvriers qui font marcher la machine ou en dirigent les opérations.

On ne peut guère évaluer à moins de 100 ou 120,000 le nombre des ouvriers que font travailler la fabrication et le fonctionnement des machines d'invention récente.

S'il fallait parler de tout ce qui est réellement machines, depuis la charrue jusqu'au cric, ce serait par millions qu'on devrait les compter.

Ces 120,000 ouvriers ont certainement des droits aussi sacrés au travail que tous autres ouvriers.

Proscrire les machines récentes, ce serait donc condamner à l'inaction, à la faim, à la mort, non pas seulement 120,000 ouvriers, mais leurs familles avec eux.

Il n'est pas un de vous qui, envisageant la question sous ce point de vue, veuille prononcer cette cruelle condamnation contre un si grand nombre de ses frères. Cela ne serait pas français !

On exagère d'ailleurs, ou plutôt on se trompe sur la concurrence que le travail à la machine fait au travail à bras.

Je viens de vous parler de l'industrie séricienne :

Je veux vous répéter ce que je vous ai dit autre part au sujet de l'industrie typographique.

Au commencement de ce siècle un journal grand comme un carré de papier, qui avait deux mille lecteurs, avait un succès rare ; il en était de même d'un roman tiré à mille exemplaires. L'éditeur d'un ouvrage sérieux ne se hasardait guère au-delà de cinq cents.

Aujourd'hui on a des journaux grands comme des voiles de navire, tirés à 40,000 ; des romans vont presque aussi loin ; un recueil populaire a été publié à plus de 80,000. Quelle presse à bras pourrait suffire à de tels besoins ?

On en monterait plusieurs, objectera-t-on , et alors autant d'ouvriers de plus d'employés.

Oui, mais alors aussi multiplication de dépense de tous côtés ; et, par suite, hausse de prix, en sorte que l'ouvrage, le journal, coûterait le double ou le triple, et, au lieu de se débiter à 40,000, ne se débiterait plus qu'à 10,000, peut-être qu'à 2,000, comme jadis ; et, partant, suppression des presses de supplément devenues inutiles ou même suppression du journal, de l'ouvrage qui, ne faisant plus ses frais à un si petit nombre, cesserait forcément de paraître.

Tout l'avantage, dira-t-on, est donc pour les presses mécaniques ?

Non : car le goût, le besoin de lire, favorisé, excité surtout par les journaux, s'étend à toutes les branches de la presse. Jamais on n'a publié autant de livres, d'écrits de toutes sortes, autant multiplié les éditions , imprimé par tous les moyens. Ainsi l'équilibre que la presse mécanique semblait vouloir détruire, s'est rétabli aussitôt.

Il en a été de même pour toutes les autres productions industrielles.

Néanmoins, il y a un certain nombre de typographes sans ouvrage , on ne peut le contester.

C'est que l'industrie du typographe est encombrée comme toutes les autres industries, comme les carrières des lettres, des arts, des sciences, du barreau, de la médecine, de l'administration où il y a une foule de gens qui végètent, d'autres qui n'ont pas même le nécessaire ; pourtant il n'y a point là de mécaniques qui leur fassent concurrence.

IV. *Des ouvroirs et des prisons.*

Quand on souffre, on s'en prend à tout, c'est dans la nature. L'enfant qui est tourmenté par une dent qui pousse, bat sa nourrice, qui pourtant n'est pas la cause de son mal.

Les ouvriers sans ouvrage, ou forcés de travailler à des prix qui ne leur permettent pas d'avoir du pain, ont accusé de leur pénurie le travail fait dans les communautés et dans les prisons.

Et le gouvernement a cru devoir leur promettre satisfaction.

C'est bien, surtout parce que nous avons confiance qu'il commencera par examiner avant d'agir.

Parlons d'abord du travail des prisonniers, en distinguant les deux catégories : hommes et femmes.

L'organisation du travail des femmes est facile. Presque toutes les condamnées savent tenir l'aiguille plus ou moins bien.

Le principal produit des ateliers des prisons se composant d'ouvrages faits à l'aiguille, *tels que lingerie grosse ou fine, broderie, etc.*, le premier apprentissage est ainsi déjà tout fait d'avance ; il ne s'agit plus que de classer les capacités.

Il n'y a là presqu'aucune chance de perte à courir pour les entrepreneurs, à part celle de quelques aiguilles et de quelques écheveaux de fil.

On peut donc obtenir de cette classe d'ouvrières, du travail à bien meilleur compte qu'on ne l'obtiendrait d'ouvrières libres, obligées de se loger, de se nourrir et de soigner leurs enfans.

Là est le mal, parce que les prisons absorbent une grande partie du travail qui, sans cela, reviendrait aux ouvrières libres, et qu'il faudrait bien consentir à leur payer à des prix raisonnables si cette concurrence n'existait pas, mal d'autant plus grand, que le public même ne profite qu'à demi du bénéfice dont tout le surplus revient à l'entrepreneur.

Il n'en est pas ainsi à l'égard des hommes.

Obligés presque tous de faire un apprentissage à un âge souvent assez avancé, et peu disposés par leurs habitudes vagabondes à l'assiduité,

Ils mettent beaucoup de temps à apprendre peu de chose, détériorent beaucoup d'outils, gaspillent beaucoup de matières, et long-temps ne travaillent qu'avec beaucoup d'indolence ;

De sorte, qu'en définitive, lorsqu'ils parviennent à faire un travail acceptable, ce travail se trouve avoir coûté à l'entrepreneur autant, et quelquefois plus, pour certains objets, que s'il eût été exécuté par des ouvriers libres.

Aussi, ces années dernières, l'administration avait-elle de la peine à trouver de nouveaux entrepreneurs quand les anciens marchés étaient expirés.

De ce côté, la concurrence n'était donc pas sérieusement nuisible.

Les travaux faits dans les ouvroirs ou communautés, offrent une troisième physionomie.

Il n'est point question ici d'ouvrières, travaillant à bas prix, mais d'apprenties auxquelles, à des conditions analogues à celles que feraient des maîtresses ordinaires, on enseigne un état.

Le produit des objets confectionnés, susceptibles d'être vendus, ou des façons. a une destination connue, c'est de nourrir, d'entretenir, de loger (dans quelques maisons) les élèves, et de s'assurer des ressources pour continuer l'œuvre, même pendant les mortes-saisons.

On peut comparer, à certains égards, ces établissemens aux écoles d'arts et métiers de Châlons et d'Angers, dont les produits se vendent également quand ils sont assez bons pour être vendus.

Ceux des ouvroirs ne font d'ailleurs qu'une concurrence assez peu redoutable au commerce, et, par conséquent, aux ouvriers, à raison de l'élévation de leur prix, qui, en beaucoup d'endroits, diffèrent peu de ceux des boutiques, ainsi que des expériences, que chacun est à même de répéter, l'ont démontré.

Celle qui est vraiment redoutable, c'est donc celle des prisons de femmes, telles que Saint-Lazare et Fontevrault.

Là est le vrai mal, qu'il serait possible probablement de faire cesser, en forçant, par des *minima* calculés sur le prix moyen des journées des ouvrières libres, les adjudicataires de hausser leurs conditions,

Non pour assurer aux condamnées une existence matériellement préférable à celle de l'honnête ouvrière qui travaille pour élever sa famille, mais dont la bonification pourrait tourner au secours des ouvrières libres de mêmes professions, momentanément sans ouvrage ;

Ou être versée dans les caisses qui, sans doute, ne tarderont pas à s'ouvrir pour la création d'hôtels des invalides du travail.

D'une ou d'autre manière, le produit de l'expiation du délit, du vice ou du crime, recevrait ainsi une consécration sainte, au lieu d'être un appât pour la spéculation.

Mais il importe que, dans aucun cas, sous aucun prétexte, on ne suspende ou supprime le travail des prisonniers, puisque c'est un puissant moyen à tenter pour les préserver des rechutes après leur libération, en leur donnant un instrument pour gagner enfin leur vie honorablement.

Il est certain que c'est un surcroît qui se prépare ainsi à la masse des travailleurs déjà si considérable.

Cependant il faut choisir entre cet inconvénient et le mal bien autrement grave de lancer de nouveau au milieu de la société, des hommes dont les seules ressources pour vivre seraient toujours le vol et l'assassinat qu'ils n'eussent peut-être jamais connus si l'éducation de leur jeunesse leur eût appris à demander leur pain à une industrie honnête.

Quant aux ouvroirs. les sympathies des ouvriers ne pourraient leur manquer que par irréflexion ;

Ils savent bien que ce ne sont point des filles d'anciens pairs de France ou de banquiers qui vont y apprendre à faire des chemises ou marquer des mouchoirs ;

Que ce sont des filles d'ouvriers comme eux, destinées à vivre aussi de la vie d'ouvrières après un apprentissage gratuit fait à l'abri des mauvais exemples et des mauvaises leçons qu'offre trop souvent la vie d'atelier.

ORGANISATION DU TRAVAIL.

I. *Du partage des bénéfices entre le maître
et l'ouvrier.*

Il paraît assez juste que le bénéfice d'une entreprise profite d'une manière équitable à tous ceux qui ont aidé à le produire.

Mais deux conditions préalables sont nécessaires.

La première est qu'il y ait entre le maître et l'ouvrier qui doit partager avec lui, un lien sérieux qui assure la coopération de celui-ci à l'entreprise jusqu'à sa fin ;

La seconde qu'il y ait un bénéfice à partager.

Car, d'une part, si l'ouvrier peut abandonner l'entreprise avant qu'elle soit terminée, pour quelqu'autre travail qui lui paraîtra plus avantageux, de quel droit reviendrait-il ensuite, au moment où il y aurait un bénéfice à partager, concourir, lui, déserteur, avec ses anciens camarades, qui sont restés exposés peut-être aux fatigues les plus pénibles, aux chances les plus douteuses de la chose commencée en commun ?

Un bénéfice, d'autre part, n'est réel, n'est susceptible d'être partagé que quand le dernier paiement du prix de l'œuvre ou de l'entreprise est rentré, et que la garantie, s'il y en a une, est expirée. Jusque-là mille éventualités fâcheuses la menacent.

S'il s'agit d'une expédition outre-mer, ou à longue distance sur le continent, l'objet peut périr ou se détériorer en route : être refusé à son arrivée, s'il ne remplit pas exactement les conditions exigées, ou si la livraison a éprouvé des retards qui le rendent désormais sans utilité : ou trouver le destinataire en état de faillite ou de banqueroute. La perte aura remplacé le bénéfice.

S'il s'agit d'une œuvre à livrer sur place, d'une maison, d'un édifice, si l'on veut, il peut naître, durant le cours des travaux, plusieurs causes capables de convertir pareillement en pertes, les bénéfices qui d'abord avaient paru offrir le plus de certitude, telles que la mauvaise qualité, ou certains accidens du sol, qui occasionent des surcroîts de fondations, dont le propriétaire ne tient nul compte à l'entrepreneur, si le marché a été passé à forfait ; l'enchérissement imprévu du prix des matériaux, la difficulté des rentrées, qui obligent l'entrepreneur à recourir à des emprunts onéreux pour satisfaire ses ouvriers, hors d'état d'attendre le prix de leur semaine ou de leur quinzaine; la déconfiture du propriétaire, et, enfin, il faut bien tout prévoir, la chute totale ou partielle de la construction, déterminée par quelque événement fortuit, par quelque vice peut-être du fait des ouvriers, avant l'expiration des dix années de garantie imposées par la loi, quelquefois même avant l'achèvement de l'entreprise ; cela s'est vu.

Ce petit nombre de cas est assez concluant pour dispenser de multiplier les citations.

Si donc l'entrepreneur avait partagé prématurément des bénéfices hypothétiques, quels moyens de recours (on ne contestera pas sans doute la justice de ce recours) aurait-il contre ses ouvriers, peut-être alors dispersés, ce qui arrive surtout pour les travaux de bâtimens, non seulement après leur achèvement, mais à la fin de chaque campagne ?

Qu'en faut-il conclure ? Que l'association du maître et de l'ouvrier est impraticable ?

Non ;

Mais qu'elle n'est pas toujours possible, et que, dans tous les cas, elle n'est pas toujours fructueuse.

Il faut encore ajouter à ces cas fâcheux les faux calculs des ouvriers qui, dans l'espoir trompeur de grossir ou d'assurer ce bénéfice, l'emporteront quelquefois sur la prudence et l'expérience du maître.

Ceux qui veulent que l'ouvrier seul soit infaillible prétendront que c'est le calomnier.

Cependant de nombreux et terribles accidens arrivent aux ouvriers en bâtimens par suite de leur entêtement à s'échafauder à leur manière, malgré les avis des maîtres ou contre-maîtres, qui les avertissent avec instance du danger ;

Aux ouvriers des fabriques par des imprudences que ne peuvent prévenir ni les recommandations ni les avis affichés dans les ateliers.

Il y a moins de gravité à mal faire un ouvrage qu'à se rompre le cou ou à se trouver broyé entre deux cylindres.

La possibilité de l'association existera à peu près partout où la nature des travaux groupe des ouvriers sédentaires.

Cette *sédentarité* leur donne le temps d'attendre la réalisation des bénéfices , et assure la possibilité de faire successivement la compensation du profit et des pertes.

Elle peut avoir lieu encore quand il s'agit d'une œuvre de courte durée dont le paiement suit la livraison, et décharge de toute garantie ultérieure.

Il ne faut pas d'ailleurs confondre *juste* et *égale*.

L'égalité serait ici de l'inégalité, parce que les charges ne sont pas les mêmes.

Le maître supporte des charges telles que l'impôt, la patente, le loyer de l'atelier, la fourniture et l'entretien de l'outillage excessivement coûteux dans certaines industries, qui sont étrangères à l'ouvrier.

Il engage ses capitaux, ceux de sa femme, la fortune de ses enfans, sa responsabilité morale aussi bien que sa responsabilité matérielle ; il est ainsi exposé à des chances personnelles, dont l'ouvrier n'a pas à se préoccuper.

C'est lui qui découvre, qui dirige, qui suit les affaires et procure aux ouvriers un travail qu'ils n'auraient pas sans son activité, son intelligence, sa réputation et la confiance qu'il inspire.

Or, tout a sa valeur dans ce monde, et, en fait d'industrie, comme son premier but est de nourrir celui qui l'exerce, ainsi que sa famille, toute valeur se traduit par des chiffres.

Le chiffre du maître, de l'entrepreneur, du capitaliste qui en tient la place, sera de droit nécessairement plus fort proportionnellement que celui de l'ouvrier qui commence, affaire bonne ou mauvaise, par retirer le prix de son travail journalier, qui n'est exposé ni à la déconfiture, ni aux poursuites des créanciers de l'entreprise, et peut

toujours aller porter ses bras à une autre, tandis
que le maître ruiné, peut être dans l'impossibilité
de recommencer sa carrière.

Lors de l'inauguration du chemin de fer de
Troyes, le 7 de ce mois, « le ministre, dit *le Mo-*
» *niteur* du 9, a appris avec intérêt que, depuis
» long-temps, l'entrepreneur (M. Seguin) avait as-
» socié à ses travaux tous ceux de ses ouvriers
» et agens qui se distinguaient par leur intelli-
» gence et leur bonne conduite, et que ses prin-
» cipaux employés, entrés chez lui comme de
» simples ouvriers, sont devenus, par leur travail,
» les chefs de leurs camarades.

» C'est là, a répondu le ministre, la véritable or-
» ganisation, celle que je comprends, et dont il
» faut désirer l'application de plus en plus géné-
» rale. »

Beaucoup de maîtres ont, dans diverses industries, agi comme M. Seguin, et partout avec les
mêmes avantages. Mais on a vu, par ce qui précède, que toute désirable que soit la généralisa-
tion de ce mode d'organisation, elle n'est possible
ni partout, ni pour toutes les professions.

Il en est un autre, d'ailleurs, qui a aussi ses
avantages et qu'il ne faut pas négliger.

II. *Des associations ouvrières partielles.*

Dans tous les cas où l'association est possible,
il est possible aussi, du moins en principe, que les
ouvriers s'associent entre eux, soit pour travailler
en commun durant un temps plus ou moins long,

Soit seulement pour l'exécution d'une œuvre ou
d'une entreprise ;

Soit seulement encore pour établir entre eux
une communauté d'intérêts, en laissant chacun libre d'exercer son travail là, ou comme il lui plaît.

Le principe de l'association sera toujours salu-
taire pour les travailleurs, en ce qu'il prêtera à

chacun la force collective, infiniment supérieure à la force individuelle ;

En ce qu'il favorisera le développement des lumières nécessaires à chacun pour juger plus sainement de ses véritables intérêts, que ne peut le faire ordinairement l'homme isolé ;

En ce qu'il peut seul mettre un terme à cette exploitation dégradante du travailleur par la cupidité qui l'avilit, l'abrutit, l'épuise avant l'âge ; qui le pousse trop souvent, par l'excès de la misère, à la dégradation la plus douloureuse de l'espèce humaine, au vol, à l'assassinat.

Mais l'association, à côté de ses immenses avantages, offre aussi ses dangers et ses difficultés.

Elle devient un attentat contre la liberté, si elle se rend exclusive et oppressive. Nous avons vu quand et comment l'oppression peut s'exercer.

Elle n'est qu'un suicide au lieu d'être une protection, si elle se fait exigeante, sans intelligence ; si elle n'a pour résultat, en vue d'améliorer le sort du travailleur, que de tuer le travail en élevant la production au-dessus du prix où la consommation peut atteindre. Or, tuer le travail, c'est évidemment tuer l'ouvrier. Cela a déjà été dit ; mais on ne saurait le trop répéter.

Les difficultés consistent, et elles sont graves, en ce que l'association entre ouvriers pour l'exploitation d'une industrie, ou la confection d'une œuvre, exige parfois, ou l'existence préalable d'un grand local approprié et d'un outillage d'une valeur énorme, ou l'avance de fonds considérables de première mise ou de roulement, que ne possèdent point les associés.

La commission permanente pour l'organisation du travail s'est occupée des moyens de lever la difficulté. Nous verrons plus loin quels ils sont.

Les industries qui n'exigent qu'une faible mise de fonds préalable, ou même seulement que la mise en commun du travail de chacun et de sa capacité personnelle,

Celles où les ouvriers habitués au travail isolé sont néanmoins susceptibles de se relier dans un intérêt commun de protection,

Peuvent former des associations immédiatement.

Ce sera un des premiers et des plus sûrs moyens de mettre un terme à l'état de souffrance criant et trop certain auquel ont été réduits un nombre infini d'ouvriers des deux sexes , qui ne gagnent pas même littéralement le prix du pain grossier de la journée , et du bouge infect où ils sont à demi abrités pendant la nuit.

Ce sera une œuvre d'autant plus urgente, que généralement cette foule d'ouvriers, si cruellement maltraitée, est aussi la plus patiente, la plus paisible, parce que chaque quart d'heure dérobé au dur travail de la journée est autant de rogné sur le morceau de pain que la faim sollicite.

Voilà de ces salaires qu'il faut et qu'on peut améliorer sans crainte de voir la consommation s'arrêter sensiblement, car leur vilité ne profite le plus ordinairement au public que pour une faible partie, le surplus se convertit en bénéfices.

Si néanmoins quelque hausse sur le prix de certains objets a l'inconvénient, grave aussi assurément, de les rendre un peu moins accessibles à la modeste bourse de l'ouvrier, il en trouvera le dédommagement dans la certitude, préférable encore, d'avoir du moins sa nourriture assurée.

Ouvriers, associez-vous donc, mais librement, sans contrainte, n'importe envers qui. Que l'association ne soit qu'un lien de plus entre des frères; mais n'oubliez pas que ceux-mêmes qui hésiteraient à s'y soumettre, sont vos frères aussi; qu'ils ont comme vous, associés, mêmes droits au soleil et au pain du travail; et que chacun, sous le régime républicain, doit jouir de la liberté d'user du soleil comme il lui plaît, et de manger son pain sur la table qui lui convient.

III. *Des associations nationales.*

Résumé du programme proposé à la commission permanente pour l'organisation du travail :

— Achat par l'Etat des établissemens industriels, aujourd'hui existans, que les propriétaires viendraient offrir de lui céder ;

— Large indemnité payée aux cédans par des obligations portant intérêts, hypothéquées sur la valeur même des établissemens cédés, et remboursables par annuités ou par amortissement ;

— Remise des établissemens aux ouvriers qui s'associeront, soit à salaires égaux, soit à salaires inégaux. La commission exprime sa prédilection pour l'égalité.

— Après le prélèvement des salaires, de l'intérêt du capital, des frais d'entretien et de matériel, répartition des bénéfices (on suppose toujours des bénéfices), en quatre parts égales pour l'amortissement du capital,

— Etablissement d'une caisse de secours,

— Partage entre les travailleurs,

— Création d'un fonds commun centralisé entre tous les établissemens d'une même industrie.

— Tous les établissemens d'une même industrie dirigés par un ingénieur nommé par l'Etat.

— Prix de revient des produits, réglé par l'Etat.

Il n'est question ni des travailleurs de l'agriculture, ni des établissemens agricoles.

Voilà ce que propose la théorie.

Voici d'abord quelques-unes des réponses que font la statistique et l'économie politique.

On évalue, avec plus ou moins d'exactitude, à 70,000 le nombre des établissemens industriels existant en France en dehors du travail isolé, depuis ceux où l'on fait des lames d'eustaches, des lacets, des cartes à jouer, de la bimbeloterie,

Jusqu'à ceux où se fabriquent les draps de Louviers, les brocarts d'or, les porcelaines fines, la haute orfèvrerie, et enfin les plus puissantes machines de toutes sortes.

Dans cette évaluation ne sont pas compris les moulins qui, en 1825 ou 1826, étaient au nombre de 76,000.

Réduisons, pour éviter toute exagération en trop, de 70,000 à 40,000, celle des établissemens industriels qui auront résisté à la crise actuelle et seront en état de faire leurs conditions.

S'il est quelques industries pour lesquelles le matériel d'un établissement organisé, ne s'élève pas au-delà de quelques milliers de francs, il en est d'autres où il faut chiffrer par centaines de mille, d'autres où l'on arrive aux millions, comme quand il s'agit des grandes forges, des fonderies, des grandes papeteries, des houillères, et même aux centaines de millions si l'on étend le principe (pourquoi non?) jusqu'aux chemins de fer.

Il n'y a certes pas d'exagération non plus à prendre, en présence de tels chiffres, celui de 500,000 francs pour terme moyen : remarquons d'ailleurs que la théorie promet une *large indemnité* aux propriétaires qui viendront s'offrir à l'Etat.

500,000, multipliés par 40,000, constitueraient un capital de 20 milliards, remboursable par annuités ou par amortissement, avec intérêts annuels.

Telle serait la dette nouvelle proposée à l'État, au moment où on le représente comme si fort obéré par la dette existante, qu'aux yeux de beaucoup de gens, sans doute effrayés outre mesure, la position n'offre qu'une issue désastreuse.

Poursuivons : les intérêts de ce capital de 20 milliards, en les supposant acceptés au minimum de 3 0/0, s'élèveraient à 600 millions.

Mais le service des intérêts ne dispenserait pas du remboursement du capital formellement annoncé par annuités ou par amortissement.

Quelque mode qu'on choisisse, il entraînerait toujours une mise annuelle qu'on ne peut guère supposer au-dessous d'un 20ᵉ, les vendeurs devant être peu disposés à transférer leur liquidation définitive à leur seconde ou troisième génération.

Seulement, le mode d'amortissement devant agir par l'intérêt composé, laisserait peser jusqu'à résultats suffisans l'intégralité des 600 millions d'intérêts sur le budget annuel.

Le 20ᵉ de 20 milliards étant sans contredit d'un milliard, en y ajoutant les 600 millions d'intérêts, on se trouverait pendant un certain nombre d'années vis-à-vis, ou plutôt, sous le poids d'un budget double, de TROIS MILLIARDS.

Quelle serait la conséquence d'une telle surcharge, sinon la banqueroute, une banqueroute effroyable et imminente?

Triste initiation à l'organisation du travail.

La théorie suppose, il est vrai, que la réalisation de ses projets n'aura lieu que graduellement.

Pourtant, si le coup porté à l'industrie privée par les ateliers nationaux est aussi sûr que le croit la théorie et aussi prompt qu'elle le désire, il est possible que l'absorption de cette industrie accélère l'événement.

Mais réduisît-on la possibilité de ces éventualités à moitié, au quart même, croit-on que 800, que 400 millions seraient beaucoup plus aisés à ajouter que 16 à notre budget?

Il est vrai encore que la théorie charge les ouvriers à qui l'Etat aura remis les établissemens, de l'obligation d'assurer les remboursemens et de servir les intérêts.

Il peu arriver de plusieurs choses l'une : ou qu'il ne se présente pas d'associés pour exploiter tel établissement ou telle industrie dans un plus ou moins grand nombre de localités, parce que manqueront ici les élémens même de l'association, là les ressources pour une exploitation qui exige des avances considérables de matières,

Ou que le goût de ces associations nationales ne se propage pas ou ne se propage que très lentement parmi la classe ouvrière,

Ou enfin que les associations formées et mises à l'œuvre ne fassent que tout juste les frais des salaires de ses membres, soit par mauvaise administration, soit par faiblesse des travaux des associés, soit par une de ces mille autres causes qui frappent l'industrie.

Sur qui retomberont les engagemens contractés avec les anciens propriétaires par l'Etat ? Sur l'Etat lui-même. Or, l'Etat, ce n'est pas autre chose que les contribuables.

Et si les établissemens et leur matériel périclitent entre les mains des associés, qui les entretiendra, les renouvellera ? Encore l'Etat, c'est-à-dire les contribuables.

Et ces chances très probables arrivant, si l'Etat négligeait d'y pourvoir, les anciens propriétaires, exposés à voir périr leur gage, poursuivraient, selon toute apparence, l'expropriation de l'Etat, avec dommages-intérêts pour la moins-value.

Il reste à savoir si l'Etat se laisserait exproprier, et, quoi qu'il arrive, ce que seraient devenus l'industrie et les travailleurs nationaux pendant ces temps de langueur et de conflits.

Si l'on a dû se borner à les laisser en proie aux anciennes souffrances qu'on déplore si justement, ce n'était guère la peine de bouleverser toute l'ancienne économie du travail pour en venir là.

Si, au contraire, l'Etat, au nom de qui on a promis aux travailleurs, que désormais ils ne manqueraient plus ni de travail ni de pain, se tient pour obligé de remplir au moins cette dernière moitié, la plus petite de sa promesse, à quoi sera-t-il conduit?

Il n'existe pas en France moins de 8 millions d'ouvriers attachés à l'industrie qui fabrique ; quelques statisticiens disent de 12 à 15 millions.

Supposons que, sur ces 8 millions, un quart seulement se trouve dans le cas de détresse prévu.

Ce n'est pas évaluer trop haut la somme moyenne nécessaire pour procurer strictement du pain et un abri autre que la voûte du ciel, aux ouvriers nécessiteux, que de la porter à 50 centimes par tête, toutes localités comprises.

C'est même trop peu. Néanmoins cela ne laisse pas de faire un million par jour ou 365 millions pour l'année, à ajouter encore au budget des dépenses.

365 millions, non pas pour nourrir, mais seulement pour empêcher de mourir tout à fait de faim deux millions d'individus dont l'appétit sera d'autant plus vif, qu'on l'aura plus vivement excité par l'illusion d'un repas abondant qui ne devait plus faire défaut quoi qu'il pût arriver.

Voici quelques-unes des réponses que font aussi à la théorie, les ouvriers qui ont bien le droit d'avoir un avis sur ce qui les concerne.

—On nous offre des associations impossibles pour la plupart, du moins pour les plus importantes, parce qu'elles exigeraient d'abord des capitaux de mise en train que nous ne possédons pas, et dont aucun capitaliste sensé ne voudrait faire l'avance soit en écus, soit en matières premières, attendu que nous n'aurions aucune garantie palpable à lui donner ; pas même celle de notre matériel industriel, hypothéqué aux vendeurs.

— Ces associations seraient la ruine de l'ouvrier libre que nous ne voulons pas opprimer, après nous être plaints d'avoir été opprimés nous-mêmes. Ou, si l'ouvrier libre était en état de se soutenir à côté d'elles, cela prouverait que le principe de l'association nationale est mauvais et ruineux, puis qu'avec le secours puissant qu'elle aurait obtenu de l'Etat, elle ne ferait que se défendre.

—Le système simultané de l'association nationale et du travail libre aurait pour conséquence inévitable de débarrasser tous les ateliers libres des mauvais ouvriers et des ouvrières incapables, qui s'y réfugieraient naturellement. L'industrie libre y gagnerait, mais quelle physionomie prendrait ce qu'on pourrait appeler l'industrie nationale ?

—On nous propose comme le but le plus désirable pour le travailleur, l'organisation de tout le travail, sous la forme de légions, en quelque sorte militairement disciplinées, élisant leurs officiers.

Chaque industrie, ou la réunion de plusieurs industries analogues, d'un bout de la France à l'autre, formerait une de ces légions, dont le colonel, appelé ingénieur, *institué par l'Etat*, résiderait à Paris.

C'est ce colonel qui de là dirigerait le travail, *et l'Etat*, sur sa proposition, *déterminerait le prix de revient* des objets fabriqués par chaque compagnie ou bataillon de la légion, en raison du prix de la vie matérielle dans la localité.

Cette hiérarchie convient fort bien à des soldats; la charge en douze temps et la manœuvre de l'école de bataillon se font partout d'après les mêmes principes ; un général, un colonel peut donc commander de Paris l'exercice qui se fera à Strasbourg ou à Pau.

Mais combien d'autres choses ne faut-il pas savoir dans l'industrie !

Il n'est pas un bon ouvrier qui ne fasse son tour de France, non pour se promener, mais pour se perfectionner par l'apprentissage ou l'expérience des diverses méthodes ou manières de travailler en usage dans les diverses localités; celui qui n'a pas mis la main à la pâte ne sait point tout cela. C'est pourtant nécessaire à savoir.

Avec l'organisation projetée, il n'y aura de perfectionnement, il n'y aura de progrès que suivant les idées de M. l'ingénieur, qui peut être un homme très versé dans la science théorique (comme il peut n'être qu'absurdement systématique), mais en même temps fort peu au courant des nécessités de la consommation, des convenances du commerce intérieur ou international;

Qui peut, en sa qualité de savant breveté, et constitué en autorité, être même jaloux de tel ouvrier qui aura fait une découverte ou inventé une amélioration. A ses yeux Salomon de Caux, Guttemberg, Jacquart, Sennefelder, ne seront que des fous ou des extravagans.

Il faut bien des connaissances variées encore pour estimer, surtout pour régler des prix de revient. Or, si l'industrie privée se trompe bien souvent dans ses calculs d'une manière cruelle, quoique directement intéressée, à quelles erreurs un simple ingénieur, non responsable, et jugeant d'un point unique toute l'étendue de la France, ne sera-t-il pas exposé!

—Nous ne parlons pas de l'égalité des salaires, qui n'est indiquée que comme un vœu appuyé, cependant, sur l'exemple des services publics organisés, exemple qui pèche du côté de l'exactitude, car l'égalité de paye n'existe pas dans l'armée certainement entre le soldat, le sous-officier, les officiers de différens grades.

L'égalité de traitement n'existe ni dans la magistrature, entre le juge de paix, le conseiller, le président;

Ni dans l'administration, entre l'expéditionnaire, le rédacteur, le chef de bureau, le directeur.

Cependant l'armée, la justice, l'administration, sont des services organisés.

L'effet de l'uniformité des salaires, si elle était trop basse, serait de décourager l'ouvrier laborieux et l'ouvrier intelligent: de faire tomber l'industrie française dans une atonie mortelle;

D'engager tous les bons ouvriers à aller chercher dans les ateliers étrangers un traitement plus susceptible d'assurer leurs besoins et même l'avenir de leur famille;

D'élever, si elle était fixée au maximum, les prix des produits de notre industrie au-dessus de ceux de l'industrie étrangère, qui demeureraient bâsés sur des moyennes, et, par une conséquence naturelle, d'exclure absolument l'industrie française des marchés étrangers où elle ne pourrait plus supporter la concurrence.

Nous ne pouvons donc, tout en rendant justice à de louables intentions que personne de nous ne met en doute, dont nous sommes vivement reconnaissans, associer nos vœux à des vœux dont la réalisation, même dans l'avenir, irait directement contre les intérêts qu'ils ont en vue de favoriser.

IV. *De l'emploi des enfans dans les fabriques.*

Toutes les classes des travailleurs que peuvent réunir Paris et sa banlieue, sont venues tour à tour au palais du Luxembourg exposer l'affligeant détail de leurs souffrances;

Toutes, moins une seule, la plus intéressante pourtant,

Celle des jeunes enfans employés dans les manufactures. Il est vrai que ce n'est pas dans le département de la Seine qu'on rencontre proportionnellement le plus grand nombre de ces victimes prématurées de la cupidité ou de la misère.

Ce n'est pas une raison, n'est-il point vrai? pour ne point s'en occuper.

Il serait superflu de reproduire ici le tableau de leur navrante situation que tout le monde connaît; les anciennes chambres ont essayé d'y apporter quelque remède par des palliatifs insuffisans.

Cette exploitation des enfans, bien plus cruelle en Angleterre qu'en France (il n'y a pas là trop de quoi nous glorifier), est à peu près nouvelle.

Ce n'est que depuis un demi-siècle qu'on a imaginé d'avoir une population, une génération entière d'ouvriers, dont beaucoup, presque au sortir du maillot, enfermés pendant huit ou neuf heures du jour, trop souvent dans des ateliers sombres, mal aérés, empestés par l'odeur du gaz, du charbon ou certaines émanations métalliques délétères.

On a expliqué cette innovation par l'impossibilité où sont les parens de nourrir des bouches inutiles.

Des bouches inutiles! les bouches de leurs enfans!

Mais quels ont été les résultats de ce sacrifice à cette divinité inflexible qu'on nomme la Faim?

D'une part, ces petits ouvriers n'ayant pu être employés qu'aux travaux les mieux proportionnés à leur faiblesse, l'ouvrier adulte n'a conservé que les plus pénibles.

D'autre part, la vilité de leur salaire a conduit insensiblement à réduire d'abord celui des femmes, puis celui des hommes.

Ainsi, l'ouvrier formé, le compagnon, a vu croître la fatigue de son travail et réduire le prix de sa journée; de sorte que, battu à la fois de deux côtés, il s'est épuisé plus vite.

Et ces enfans étiolés, ruinés prématurément par des fatigues qui n'étaient point de leur âge, surtout par la privation des bienfaits de l'exercice et de la liberté, qui préparent l'enfant à devenir un homme vigoureux, vieux presque avant d'avoir atteint l'âge viril, peuvent à peine, dans leur débilité, suffire aux besoins de leurs propres enfans, à leur tour destinés au même sort.

C'est donc un mauvais, un faux calcul que celui qui admet les enfans dans les ateliers avant que l'âge ait déjà suffisamment préparé leurs forces.

C'est donc nécessité, intérêt bien entendu, que l'exploitation des enfans trop jeunes pour le travail cesse absolument et que le travail des autres soit limité à un petit nombre d'heures compatible avec leur santé. La cessation de cette concurrence immorale et funeste aux générations qui s'élèvent, du père et des enfans, de l'enfance et de la virilité, fera inévitablement remonter le taux du salaire, et alors le père pourra, comme autrefois, trouver dans son travail les moyens de nourrir *une bouche inutile !*

V. *Un dernier mot sur l'organisation du travail.*

Une organisation générale du travail, puisque l'expression est adoptée, faite *à priori*, jetée en moule dans l'état actuel des choses, ne saurait être sage. Nul ne possède en ce moment l'ensemble des connaissances indispensables pour concevoir un système susceptible de concilier les intérêts du travailleur, la liberté du travail et les nécessités de la concurrence étrangère.

Un des premiers, des plus sûrs élémens de cette organisation, doit être l'association, non l'association utopique et pleine de hasards inconnus, mais l'association expérimentée et sanctionnée par des faits connus.

Or, cette association, pratiquée en quelques localités, pour quelques industries particulières et dans quelques circonstances spéciales, n'offre pas encore d'assez nombreux exemples, d'assez nombreuses applications pour fournir des lumières quelque peu certaines.

Les associations d'ouvriers entre eux surtout

ont été trop rares, gênées qu'elles étaient par le défaut de latitude résultant des dispositions du Code de commerce.

Espérons que de nouvelles lois, auxquelles coopèreront cette fois les ouvriers eux-mêmes, en élargissant convenablement le cercle sans détruire les garanties que doivent désirer les associés d'abord, puis les intérêts qui viendront s'engager dans les leurs, permettront de multiplier les expériences, et d'en apprécier les heureux résultats;

Que la sage et paternelle institution des prud'hommes surtout se généralisera.

C'est de ses procès-verbaux, de l'ensemble des réglemens que les associations se seront donnés, que pourront ressortir, plus tard, les bases certaines et rationnelles d'une organisation générale, et, avant tout, la possibilité ou l'impossibilité de cette organisation.

Défions-nous de trop d'empressement. L'ère nouvelle ne fait que de commencer, elle n'a encore que quelques jours de date : une tâche aussi immense n'est pas l'œuvre de quelques jours.

J'ai entendu dire : Depuis des années, depuis des siècles, on répond constamment au travailleur quand il se plaint : Attendez ! C'est toujours le même langage. A quoi donc servent les révolutions ? La faim, elle, n'attend pas.

Je comprends l'impatience, elle est naturelle; mais cette fois elle est un peu injuste.

Jusqu'à présent les ouvriers étaient exclus de toute participation aux affaires publiques. Les lois qui se faisaient pour eux, se faisaient sans eux, et ils pouvaient croire quelquefois, à tort ou à raison, qu'elles étaient faites contre eux.

Il n'en est plus ainsi : un pas immense a été fait vers les justes améliorations qu'ils réclament. Ils seront, cette fois, leurs propres organes. On ne peut supposer, à moins de les croire devenus subitement insensés, qu'ils trahiront leurs intérêts légitimes. Ils feront, ils aideront à faire, sinon tout ce qui serait désirable, au moins tout ce qui sera possible. L'homme le plus exigeant ne peut demander plus; et celui même dont l'estomac est moins garni, est bien obligé, quand on est près de mettre le pain au four, d'attendre qu'il soit cuit, et de se contenter momentanément de la quantité que le four peut contenir.

L'essentiel est donc, puisque vous jouissez enfin tous, sans exception, du droit d'électeur, que vous vous attachiez à envoyer à l'Assemblée nationale et aux assemblées ultérieures qui seront instituées par la constitution, des représentans pris en partie dans vos rangs,

Des hommes bien connus de vous, éprouvés par leur expérience et leur sagesse. Ce n'est pas de déclamations ampoulées que vous avez besoin; cela ne se mange pas et ne nourrit personne.

Des idées saines, l'esprit d'ordre et des votes compactes pour les appuyer, voilà ce qui donne du travail et du pain.

Ouvriers ! vous comptez parmi vous plus d'hommes qu'il n'en est besoin pour satisfaire à ces salutaires conditions. Vous n'avez qu'à choisir, mais ne le faites qu'avec maturité et en pleine conviction de la solidité des qualités de ceux que vous honorerez de votre confiance.

PARIS. — TYPOGRAPHIE PANCKOUCKE, RUE DES POITEVINS, 14.

www.ingramcontent.com/pod-product-compliance
Lightning Source LLC
Chambersburg PA
CBHW051132050726
47594CB00003B/1062